BIBLIOTECA DE DERECHO PENAL Y PROCESAL PENAL

Carlos Pérez del Valle
(Director)

Justo Edward Nieves Chero
Daniel Armando Pisfil Flores
Carlos Antonio Agurto Gonzáles
Sonia Lidia Quequejana Mamani
Benigno Choque Cuenca
(Coordinadores Generales)

Richard Busch

Modernas Transformaciones en la Teoría del Delito

Edición al cuidado de
Carlos Antonio Agurto Gonzáles
Sonia Lidia Quequejana Mamani
Benigno Choque Cuenca

Ediciones Olejnik

Título: Modernas Transformaciones en la Teoría del Delito

Huérfanos 611, Santiago - Chile
E-mail: contacto@edicionesolejnik.com
Web site: http://www.edicionesolejnik.com

Primera edición en Ediciones Olejnik: 2019

ISBN: 978-956-392-447-3

Diseño de Carátula: Ena Zuñiga
Diagramación: Luis A. Sierra Cárdenas

Impreso en Argentina 2019 Printed in Argentina

ÍNDICE

I.

LA NUEVA CONCEPCIÓN DEL DELITO

Las concepciones dogmáticas en que se fundamenta nuestro sistema tradicional del derecho penal, elaboradas hacia fines del pasado y comienzos del presente siglo, han experimentado durante las tres últimas décadas correcciones considerables en cuestiones importantes, que han sido miradas con poca atención ante todo a causa de la controversia de las escuelas y de las labores de reforma del derecho penal, y que no han tenido repercusión en el sistema de este. En la controversia científica de los últimos quince años comienza a perfilarse, en forma cada vez más clara, una nueva concepción del delito. Ella presenta puntos de contacto con las ideas constructivas de una nueva doctrina del tipo, la cual, más o menos a un mismo tiempo, pero independientemente de aquella controversia, ha desarrollado un nuevo sistema de derecho penal apoyándose en un concepto finalista de la acción.

Este proceso de transformación y las cuestiones que abarca, constituyen el tema de esta disertación.

II.

LA DOGMÁTICA CLÁSICA

La dogmática clásica jurídico-penal ha puesto como fundamento de su sistema la distinción entre el aspecto externo (objetivo) y el aspecto interno (subjetivo) del delito. El aspecto externo abarca la acción, entendida en sentido naturalista como la causación de un cambio en el mundo exterior por una conducta corporal querida, esto es, tanto esa misma conducta como el resultado externo causado por ella, y, además, también eventuales modalidades de la acción. Este aspecto externo representa el tipo y constituye, en la medida en que otros preceptos jurídicos no se opongan, la antijuridicidad. El aspecto interno del delito se refiere por completo a la culpabilidad. La culpabilidad es la relación síquica del autor con el aspecto externo del hecho. Esa relación síquica toma las formas del dolo o de culpa. El dolo o la culpa son las formas o clases de culpabilidad, y la imputabilidad es su condición previa. La contraposición objetivo-subjetiva es idéntica a la contraposición antijuridicidad-culpabilidad. Tentativa y consumación, autoría y participación se resumen como formas en que se presenta el delito, como codificaciones de la forma fundamental caracterizada por la acción ejecutiva y el resultado[1].

---

[1] En «Festschrift für Theodor Rittler» (*«Zeitschrift für Österreichisches Recht*, 1, núms. 3-4, pág. 22). NOWAKOWSKI señaló no ha mucho que esta síntesis es significativa precisamente para la determinación objetiva del hecho, como le es propia a la dogmática clásica del derecho penal. (Para la teoría objetiva, la forma fundamental del delito se caracteriza esencialmente por el resultado y la acción ejecutiva o también por un modo especialmente dominante de la causación. En la tentativa falta la primera característica y en la participación la segunda).

III.

CONCEPCIÓN PSICOLÓGICA Y CONCEPCIÓN NORMATIVA DE LA CULPABILIDAD

Nuevos conocimientos condujeron en época posterior a poner en tela de juicio los fundamentos de este sistema, tan aconsejable por la sencillez de su construcción. En primer lugar, la concepción sicológica de la culpabilidad no pudo sostenerse ante el examen de la crítica[2]. Todos los esfuerzos por comprobar también en la culpa una relación síquica del autor con el resultado, fueron inútiles. Por este motivo se buscó otra característica genérica común dentro de la cual se pudieran abarcar, en la culpabilidad, el dolo y la culpa, como atributos alternativos del delito, y esa característica se encontró en la reprochabilidad, concepto normativo de referencia elaborado especialmente por FRANK[3].

En efecto, este hizo depender el reproche de culpabilidad no únicamente del conocimiento o del tener que conocer el alcance de la acción, sino también de las circunstancias concomitantes, ya que estas —en forma de presión externa o de defectos internos, a los cuales pertenece también la imputabilidad— le quitan al autor la libertad de elección y en esta forma pueden privarlo del dominio del hecho. A esa libertad le asignó la categoría de elemento constante de la

---

[2] Sobre esto véase a LISZT-SCHMIDT, *Lehrbuch* (26 ª ed.), §36, III, 5, con bibliografía.

[3] *Aufbau des Schuldbegriffs* (1907); *Kommentar* (18ª ed.), II, § 51, con bibliografía.

culpabilidad, junto al dolo y a la culpa, que figuran simplemente como elementos sustitutivos de la culpabilidad, no como formas de ella[4].

A decir verdad, en este último punto la teoría dominante no lo ha seguido, pues ve la esencia de la culpabilidad en la reprochabilidad de la formación de la voluntad, en la deficiencia del proceso de motivación[5].

En su teoría de las normas de deber, Goldschmidt[6] les da a esas ideas la siguiente versión exagerada: al lado de cada norma jurídica que exija una conducta exterior, se debe suponer la existencia tácita de una norma de deber, con arreglo a la cual el autor debe dirigir su conducta interna. La culpabilidad consiste en la violación de esa norma.

En su desarrollo ulterior, esta teoría se liga con el elemento constante de la culpabilidad de Frank, al encontrar la característica contenida en todas las acciones culpables en la exigibilidad que resulta de las circunstancias concomitantes. Si dichas circunstancias le quitan al autor la posibilidad de dirigir su conducta interna de conformidad con la norma, desaparece entonces el deber, y así la conducta jurídica no le es exigible. La inexigibilidad se presenta como el concepto fundamental de la exclusión de la culpabilidad[7].

---

4 No me parece correcto afirmar que aquí se trata solo de una cuestión de terminología (así, Eberhard Schmidt, en Liszt-Schmidt, ob. cit., pág. 232, nota 10). Así también Maurach, *Grundriss des Strafrechts*, Allg. Teil (1948), pág. 87.

5 La deficiencia consiste en que el autor no se ha dejado determinar a una conducta ajustada a derecho por la norma jurídica prohibitiva o imperativa; en que la norma jurídica no ha ejercido su función como norma determinante en el proceso de motivación del autor, a pesar de que la sociedad tiene derecho a esperar tal función (véase a Liszt-Schmidt, ob. cit., págs. 223 y ss.).

6 *Österreichisches Zeitschrift für Strafrecht*, 4, págs. 129 y ss.

7 Así, ante todo, Freudenthal, *Schuld und Vorwurf*, 1922; Eberhard Schmidt en Liszt-Schmidt, ob. cit., págs. 225 y 283; Graf zu Dohna, *Der Aufbau der Verbrechenslehse*, 3ª ed., 1947, pág. 42.

De este modo, el concepto sicológico de la culpabilidad, propio de la dogmática jurídico-penal clásica, abdicó en favor del concepto normativo de la culpabilidad. Pero de allí no se sacó la consecuencia necesaria de eliminar los elementos sicológicos del concepto de culpabilidad. Así, los resultados de la teoría normativa de la culpabilidad, aun cuando hoy tenga ella el predominio en la ciencia del derecho penal, son pocos, tanto desde el punto de vista sistemático-dogmático como del jurídico-práctico. Ella no afectó el principio básico de «tipo objetivo y antijuridicidad, por una parte, y de tipo subjetivo y culpabilidad, por la otra»; antes por el contrario lo ha confirmado, partiendo de la idea de que en el juicio de antijuridicidad se somete a evaluación el aspecto externo del hecho y en el de culpabilidad el aspecto interno.

IV.

TEORÍA DE LOS ELEMENTOS SUBJETIVOS DEL INJUSTO

Otra cosa es la teoría de los elementos subjetivos del injusto, enunciada por HEGLER y por MAX ERNST MAYER y desarrollada especialmente por EDMUND MEZGER[8]. Ella se apoya en la idea de que en un número no pequeño de delitos, el contenido del injusto característico del tipo delictivo no se puede determinar sin la ayuda de características subjetivas. La valoración de la conducta humana, desde el punto de vista de la antijuridicidad, depende a menudo de la mentalidad de la cual surge o de las

---

[8] Independientemente entre sí, pero en forma simultánea (1914) y con fundamentos similares, HEGLER y MAX ERNST MAYER llegaron a la determinación de los elementos subjetivos del injusto: HEGLER, en su conferencia inaugural de Tubinga sobre las «Características del delito» *(Zeitschrift für Strafwissenschaft*, vol. 36, págs. 19 y ss., 184 y ss.), y MAX ERNST MAYER en su *Lehrbuch des allgemeinen Teils des Strafrechts*. Ya en 1911 H. A. FISCHER, en relación con el derecho civil, había explicado que no es suficiente la concepción estrictamente objetiva de la antijuridicidad. En sus investigaciones no influyeron ni HEGLER ni MAYER. En el mismo año NAGLER (*Festschrift für Binding*, vol. III, págs. 286, 288) había hecho la observación de que los elementos subjetivos podrían ser, en ciertas circunstancias, constitutivos de antijuridicidad, y se refirió al § 226 del Código Civil, a la gestión de negocios sin mandato, al derecho de corrección y a la legítima defensa. Con base en el artículo de EDMUND MEZGER, titulado «Die subjektiven Unrechtselementen» (*Gerichtssaal*, vol. 69, págs. 209-312) obtuvo una aceptación cada vez más amplia. Su desarrollo dogmático fue objeto de exposición detallada en los *Beiträge zur Lehre von den subjektiven Unrechtselementen im Strafrecht* de SIEVERT (1934).

intenciones que la sustentan. La sustracción de una cosa mueble ajena es hurto solamente cuando se comete con la intención de apropiársela antijurídicamente; la lesión que se causa a la propiedad por medio de engaño es estafa solo si se comete con intención de enriquecerse. «Un mismo tratamiento puede ser examen médico, o también, si se efectúa con tendencias lascivas, abuso deshonesto»[9]. Si hasta ese entonces se había concebido ese momento puramente objetivo como elemento adicional de la culpabilidad, de ahora en adelante se descubría su función en la determinación del injusto[10]. Al proseguir esas inves-

---

[9] GRAF ZU DOHNA, ob. cit., pág. 28.

[10] Como es sabido, las opiniones están divididas respecto a la cuestión de las características subjetivas del tipo que en particular fundamentan el injusto o lo caracterizan agravándolo o aminorándolo, y que, por esta razón, deben clasificarse en la categoría de los elementos subjetivos del injusto. Igualmente, los esfuerzos dirigidos a clasificar los delitos apoyándose en elementos subjetivos del injusto han conducido a resultados diversos en la terminología y en la clasificación objetiva (una exposición detallada se encuentra en SIEVERT, ob. cit., especialmente en las páginas 140 y ss.). Sin tener en cuenta las divergencias particulares, se puede advertir una amplia concordancia. El grupo principal está constituido por los delitos de tenencia interior trascendente, según la denominación de HEGLER. En ellos la acción externa está sustentada por una intención que la trasciende. Dentro de ese grupo pueden distinguirse, siguiendo la terminología de BINDING: 1) Delitos de resultado acoplado, en los cuales la realización del tipo objetivo es querida como medio para alcanzar un resultado que está más allá del resultado externo y que aparece por sí mismo, como consecuencia de la realización del tipo objetivo (por ejemplo, extorsión, estafa, favorecimiento, destrucción de documentos, robo); 2) Delitos de dos actos entrelazados, en los cuales la acción que llena el tipo objetivo y consuma el delito (primer acto) se ejecuta con la intención de cometer otra acción (segundo acto); ejemplos de ello se tienen en la falsificación de moneda imitando dinero metálico, con la intención de usarla como verdadera o de ponerla en circulación; en el hurto, como acción de tomar una cosa mueble ajena con la intención de apropiársela antijurídicamente; en la estafa al seguro incendiando una casa asegurada contra este riesgo, con la intención de exigir la prima mediante la simulación del siniestro; en la falsificación de documento formando un documento falso para hacerlo valer como prueba en la vida jurídica mediante simulación de su autenticidad; 3)

tigaciones se creyó poder descubrir atributos de la culpabilidad comprendidos objetivamente, por ejemplo la petición expresa y seria de la víctima como motivo determinante del acto de matar con premeditación calificada[11].

Con esto se hizo insostenible la identificación del tipo objetivo con la antijuridicidad y del tipo subjetivo con la culpabilidad, sobre la cual descansaba el sistema clásico del derecho penal; se tornó muy difícil una nítida diferenciación entre las características del injusto y de la culpabilidad, y dentro del tipo subjetivo no se trazó una línea de separación que hubiera de justificarse ni lógica ni dogmáticamente.

Los delitos puros de tentativa, en los cuales la conducta, no descrita en forma determinada (tipificada) por el legislador, sirve para la realización de un resultado determinado, es decir, los delitos de acción o actividad y la tentativa (ejemplo: acción de coaccionar empleados públicos, § 114; toda tentativa punible según el § 43 del Código Penal). Junto a este grupo tan numeroso aparece el grupo de los delitos con tendencia especial de la acción, al cual pertenecen por excelencia los delitos contra el honor sexual. En este caso la acción externa solo adquiere carácter de injusto por medio de la intención lasciva que la sustenta. También se acepta el grupo de los delitos con momentos especiales del ánimo (HEGLER los designa como delitos con una intención que les da significado); el contenido del injusto del hecho es caracterizado por momentos del ánimo, que deben existir al lado del dolo (romper, dañar o desfigurar, de modo voluntario y malicioso, notificaciones oficiales fijadas públicamente, § 134 del Código Penal; maltrato de niños y jóvenes o daño en su salud por incumplimiento mal intencionado del deber de cuidado, § 223 b del Código Penal; exposición maliciosa a peligro de los medios de satisfacción de las necesidades de la población, ocultando materias primas o productos, § 1 del decreto sobre carteles y competencia).

11 Esta nueva categoría también la formuló por primera vez HEGLER (*Festgabe der Juristischen Fakultäten für das Reichsgericht*, vol. v, 1929, pág. 314, nota 35).

V.

REVISIÓN DE LA TEORÍA DEL DELITO

Con el conocimiento del carácter normativo de la culpabilidad y de la naturaleza subjetiva del injusto, se dio el punto de partida para una revisión de la teoría del delito. Sin embargo, las posibilidades que se ofrecieron con este punto de vista no fueron utilizadas. Los autores se satisficieron con la comprobación de los fenómenos recientemente descubiertos y los encuadraron dentro del sistema tradicional, aunque se hallaban en contradicción con sus principios fundamentales. Su defecto reformador no se hizo sentir. Con esto se complicó de modo contraproducente la comprensión de la doctrina del delito, sin que se hubieran resuelto las cuestiones discutibles que surgieron en su terreno. No ha de sorprendernos, pues, que a los ojos de los prácticos las nuevas doctrinas fueran a menudo juego de conceptos[12].

Finalmente, la inseguridad dogmática aumentó con el hecho de que se privó al concepto naturalista de la acción —a esa «piedra angular» del sistema del derecho penal clásico— de idoneidad para servir como concepto genérico del delito y para comprender la esencia de los delitos en particular, su significación social y el sentido verbal de los tipos, especialmente por parte de quien, a fines del siglo pasado y a principios

---

[12] Acerca de estas deficiencias ya había llamado la atención insistentemente VON WEBER en su artículo *Zum Aufbau des Strafrechtssystems* (1935), especialmente en las págs. 5-7.

de este, había fundamentado sus clases, es decir, por RADBRUCH. De esta suerte se llegó al problema ontológico de si la «realidad concebida por el derecho, sus conceptos y valoraciones es la realidad natural física con los ojos del físico o del fisiólogo, o, mejor, la realidad plena de sentido de la vida social, que adquiere su forma en la existencia práctica y en las actuaciones de los hombres»[13].

[13] K. ENGISCH, «Der finale Handlungsbegriff», en *Kohlrausch-Festschrift*, 1944, pág. 147; H. WELZEL, «Naturalismus und Wertphilosphie im Strafrecht», 1935, pág. 74 y «Studien zum Strafrecht», en *Zeitschrift für Strafwissenschaft*, vol. 58, 1938, págs. 494 y ss.

VI.

TEORÍA DE LA ACCIÓN FINALISTA

El fundamento para la nueva construcción de la teoría del delito, tan urgente ante esta situación, lo ha dado la teoría finalista de la acción. Esta parte de la idea de que en los tipos de los delitos dolosos o en los de los culposos nos hallamos ante dos categorías autónomas, en las cuales el decurso de la acción presenta una diferencia estructural ontológica.

El primero en llamar la atención sobre este fenómeno fue VON WEBER. Ya en sus *Grundriss des tschechoslowakischen Strafrechts*[14] observó que los conceptos que se emplean para la descripción de la conducta punible, según las posibilidades que el lenguaje le ofrece al legislador, o pueden estar constituidos en forma que designen una conducta que causa determinado resultado, o en forma que designen una conducta que está sustentada por un querer determinado del autor, es decir, que se pueden comprender causal o finalmente[15].

Con arreglo a su esencia, la acción finalista es la realización de una voluntad plena de sentido, que está dirigida a lograr objetivos determinados y que no se puede separar del contenido objetivo de la acción, sin que esta, en cuanto fenómeno social, pierda su valor de realidad. La acción solo puede entenderse a partir de esta dirección de la voluntad. De ello son ejem-

---

[14] Pág. 14.

[15] Él empleó entonces, en lugar del adjetivo «final», el adjetivo «ideológico».

plo conceptos como estos: emprender, ofrecerse, exigir, dar muerte, intentar, sustraer, presentar resistencia. La acción causal designa la causación ciega, no sustentada por voluntad alguna, de un cambio en el mundo exterior. Ella adquiere significado jurídico-penal solo cuando es evitable. Este es el caso del delito culposo.

Los tipos finalistas de delitos pueden configurarse también sobre la base de conceptos causales de actividad, introduciendo en ellos el momento de la finalidad por medio de conceptos especiales como «doloso», «intencional», «deliberadamente»[16]. Con esta estructura encontramos los delitos dolosos de resultado, que también se caracterizan por la voluntad dirigida a la realización de un tipo de delito. Esta voluntad de actividad final y que sustenta la acción, es idéntica al dolo —desprovisto de todo contenido ético— sea que se agote en él, sea que lo comprenda como parte de sí misma, porque el fin perseguido excede la realización del tipo y la acción solo es medio para lograr ese fin[17]. El dolo, como momento de la finalidad, pertenece a la acción, y como forma especial de la producción del injusto, pertenece al injusto jurídico-penal. El injusto está determinado no solo objetivamente por el resultado reprobado, sino también subjetivamente por la voluntad reprobada que se expresa en la acción. El dolo se convierte en el elemento subjetivo de la acción y del injusto, y con esto se lo arranca del campo de la culpabilidad.

---

16 Por ejemplo, el § 223 del Código Penal: «Quien dolosamente... lesione en su salud a otro...».

17 Si A, con la intención de matar a B, lo hiere mortalmente sin perseguir otro fin con la muerte, la voluntad que sustenta la acción se agota precisamente en el dolo de matar. Si A mata a B para impedir que reciba la herencia que este espera, el dolo de matar es únicamente contenido parcial de la voluntad que sustenta la acción de matar y que tiende a un fin. Esta va más allá de la muerte, con la cual se realiza el tipo, y llega hasta la herencia, como meta que está más allá del tipo.

Con este aprovechamiento práctico del conocimiento de la naturaleza igualmente subjetiva del injusto, profundizado por la teoría de los elementos subjetivos de aquel, se desintegró el sistema clásico del derecho penal. GRAF ZU DOHNA, VON WEBER y WELZEL han desarrollado sobre esos fundamentos dogmáticos —cada uno en forma completamente independiente y por caminos distintos— sus nuevos sistemas[18].

Para GRAF ZU DOHNA y VON WEBER las acciones finalistas y las causales, al igual que los tipos de los delitos dolosos y los culposos, por su principio mismo son recíprocamente independientes. WELZEL, en cambio, subordina las acciones dolosas y las culposas, ante todo, al concepto genérico común de acción finalista. Las primeras son acciones tendientes a un fin y las segundas son causaciones tendientes a un fin que se pueden evitar. Las simples causaciones no encajan de ninguna manera en el concepto jurídico-penal de acción. El momento de la finalidad —reducido, en el caso de los delitos culposos, a un solo momento de referencia— le permite pensar que es posible comprender las acciones dolosas y las culposas dentro de un solo concepto de acción, el cual asume, por lo demás, la función del concepto naturalista de aquella, de servir en el sistema como concepto genérico del delito. Siguiendo esta tesis conceptual, WELZEL distingue los delitos dolosos y los culposos porque no tienen ningún tipo objetivo común de injusto[19].

---

18 GRAF ZU DOHNA, *Der Aufbau der Verbrechenslehre*, 2ª ed., 1941; VON WEBER, *Zum Aufabu des Strafrechtssystems* 1935 y *Grundriss des deutschen Strafrechts*, 1ª ed., 1946; 2ª ed. 1948; WELZEL, «Studien zum System des Strafrechts», en *Zeitschriñ für Strafwissenschaft*, vol. LVIII, 1938, págs. 491 y ss., y *Der Allgemeine Teil des deutschen Strafrechts in seinen Grundzügen*, 1ª ed., 1940; 3ª ed., 1944, y *Das deutsche Strafrecht in seinen Grundzügen* (1947).

19 *Allgemeiner Teil*, 2ª ed., pág. 29; *Das deutsche Strafrecht, pig. 22.* El sistema que desarrolla MAURACH en su *Grundriss* se apoya en estas ideas. En verdad, MAURACH rechaza el concepto finalista de la acción como concepto común de la acción para los delitos culposos y los dolosos. Él trata de llegar a un concepto de acción aplicable a las dos clases de delitos, separando el resulta-

Con la incorporación del dolo al tipo del injusto se resolvió una antigua controversia. El contenido del dolo es únicamente el saber y el querer la realización del tipo objetivo y no, además, la conciencia de la antijuridicidad. Con esto se crea el fundamento para tratar el error. El error sobre las circunstancias del hecho excluye el dolo. Falta aquí el tipo subjetivo, y con él un elemento esencial del injusto en el campo del delito doloso. La cuestión de la culpabilidad solo puede tornarse crítica en la medida en que la comisión del hecho no doloso sea punible, esto es, desde el punto de vista de la culpa. El error sobre la antijuridicidad, mejor llamado error acerca de la prohibición, no afecta, por el contrario, el dolo. Es un puro problema de culpabilidad.

Algunos ejemplos pueden aclarar lo anterior. El cazador que mata un animal en el supuesto erróneo de que se encuentra en su coto de caza, no tiene el propósito de violar el derecho de caza ajeno. Al faltar el dolo, falta también el tipo subjetivo del § 292 del Código Penal. Como la lesión culposa del derecho de caza ajeno no es punible, no hay lugar para discutir el problema de la culpabilidad. El cazador que en la penumbra del anochecer confunde a un amigo de la naturaleza que pasa por el soto con la presa y con certero disparo lo mata, actúa desconociendo una circunstancia perteneciente al tipo de dar muerte, pues no tiene el dolo de matar a una persona. De este modo no se ha realizado el tipo subjetivo del § 212 del Código Penal. No obstante, puesto que el ocasionar sin dolo la muerte también está conminado con pena, en cuanto se haya cometido

do del concepto de acción en los delitos materiales. Para él la acción es una «conducta dominada por la voluntad» (pág. 47). Pero sostiene el punto de vista de que el tipo de los delitos dolosos consiste en una parte subjetiva (que caracteriza la dirección de la voluntad del autor) y una parte objetiva (que esboza la actuación de la voluntad). Estas dos partes se entrelazan indisoluble y recíprocamente (pág. 58). En virtud de esto, el dolo es también para él elemento del tipo y, por lo tanto, del injusto.

culposamente, se debe examinar si el error del cazador estriba en culpa. Pero esta cuestión no solo se refiere a la antijuridicidad sino también a la culpabilidad. Estos casos de error acerca del tipo están regulados por el § 59 del Código Penal.

El hombre que ejecuta el acto sexual con una mujer púber, pero solo de trece años y ocho meses, teniendo conocimiento de la edad de ella, aunque con la suposición errónea de que su acto le es permitido, comete dolosamente un abuso deshonesto con un mujer menor de los catorce años (§ 176, párrafo 1°, núm.. 3°, del Código Penal). El soldado que le da muerte a un enemigo que ha depuesto las armas y que se ha rendido, en el erróneo supuesto de que le es permitido hacerlo, mata dolosamente a una persona. Su hecho contradice las costumbres reconocidas en la guerra; es antijurídico, y, por lo tanto, prohibido.

En estos dos casos la errónea suposición de que el hecho es permitido, de que no es antijurídico, es decir, el error acerca de la prohibición, no afecta el conocimiento y la voluntad del autor respecto a la realización del tipo, y en esta forma no incide en el dolo del hombre que realizó abusos deshonestos, con una persona menor de catorce años, ni en el del soldado que mató a una persona. Pero surge el interrogante de si ese error acerca de la prohibición afecta la culpabilidad del autor. Sobre esta cuestión se hablará más detalladamente[20].

Al sacar el dolo del campo de la culpabilidad, se plantea una vez más el interrogante: ¿qué es la culpabilidad? La teoría normativa de la culpabilidad limita el reproche de culpabilidad a la formación de la voluntad, al proceso de motivación, es decir, a una parte del aspecto de la voluntad, en tanto que su objeto es generalmente el hecho considerado como un todo. Si la voluntad dirigida a la ejecución del hecho tiene su puesto en las teorías de la acción y del injusto, no se puede separar el

---

[20] Cfr. *infra*, págs. 40-48 (VII, 5).

proceso de la formación de la voluntad y el de la realización de ella, para someter estos dos procesos a una valoración especial bajo la etiqueta de la culpabilidad, hasta que no se haya encontrado el criterio característico de la culpabilidad en contraposición con la antijuridicidad.

Por esta razón tiene que sorprender el que GRAF zu DOHNA y WELZEL descubran la esencia de la culpabilidad en el contenido de la conducta, en la misma forma que lo hace la teoría dominante. GRAF zu DOHNA persiste en la proposición «culpabilidad es determinación de la voluntad, violatoria del deber», inclusive en la última edición de su *Aufbau der Verbrechenslehre*[21]. WELZEL[22] encuentra la esencia de la culpabilidad en el «incumplimiento de deberes impuestos por el derecho (obligaciones), a consecuencia de la actuación defectuosa o insuficiente de la fuerza de voluntad frente a impulsos opuestos al derecho».

Entre tanto, nosotros no efectuamos el juicio de culpabilidad frente a cada uno de esos incumplimientos de los deberes impuestos por el derecho, ni frente a cada determinación de la voluntad violatoria de una norma. El incumplimiento de los deberes impuestos por el derecho, aunque en concreto se les llame también obligaciones, significa antijuridicidad de la conducta, la cual abarca la formación y la realización de la voluntad.

Por lo tanto, la esencia de la culpabilidad debe encontrarse en el momento que, en cada caso concreto, nos da margen para hacer de la formación de la voluntad el objeto del reproche de la culpabilidad.

VON WEBER, en su *Grundriss des tschechoslowakischen Strafrechts*[23] y más perentoriamente en sus *Bemerkungen zum*

---

21 *Aufbau der Verbrechenslehre*, 2ª ed., 1941, pág. 32.

22 *Der Allgemeine Teil des deutschen Strafrechts*, 2ª ed., 1943, pág. 89 y *passim; Das deutsche Strafrecht*, pág. 74.

23 Pág. 29.

Aufbau des Strafrechtssystems[24], ha expresado que el reproche de culpabilidad solo lo formulamos cuando el autor puede hacer algo en contra, y que este ha cometido acción punible cuando el hecho era evitable para él y no un destino ineludible. Le era evitable si tenía la libertad de escoger entre lo justo y lo injusto. Esta libertad de elección la tiene el hombre normal en condiciones normales. Puede ser excluida o disminuida a consecuencia de circunstancias externas o internas, esto es, a consecuencia de falta de madurez, de enfermedad síquica, de perturbaciones de la consciencia, de pasiones, del instinto de conservación, de error acerca de la prohibición, de necesidad o de coacción. Estas, con excepción del error acerca de la prohibición, son las causas de exclusión y de atenuación de la culpabilidad reconocidas expresamente por la ley. Desde este punto de vista von Weber logra un nuevo principio de división para separar la antijuridicidad y la culpabilidad: deber y poder[25].

Es bastante raro que la teoría normativa de la culpabilidad no haya llegado a este resultado. Sus sostenedores no desconocen en modo alguno la función decisiva que le corresponde a la libertad de elección. Cuando ellos hablan de evitabilidad de la violación de un deber o de exigibilidad de la conducta conforme a derecho, expresan en otra forma la libertad de elección. Pero desconcierta el que Graf zu Dohna diga que la idea de la exigibilidad, que se liga precisamente con la consideración de la motivación concreta del autor, es idéntica a la idea de lo contrario a un deber[26]. La violación de un deber es violación de la norma y atañe al deber[27].

---

[24] Págs. 17 y ss.; además, *Grundriss des deutschen Strafrechts*, 2ª ed., págs. 106 y ss.

[25] *Zum Aufbau des Strafrechtssystems*, pág. 11.

[26] Así ya en *Elemente des Schuldbegriffs*, separata de *Gerichtssaal*, vol. LXV, 1905, pág. 10 y aún más en *Aufbau der Verbrechenslehre*, 2ª ed., 1941, pág. 34.

[27] No carece de interés el que precisamente Graf zu Dohna, en su monografía *Die Rechtswidrigkeit als allgemeingültiges Merkmal im Tatbestand strafbarer Handlungen*, 1905, pág. 70, se pronunciara en favor de la tesis de que la viola-

Hablamos, pues, de deber precisamente en relación con lo debido por la persona particular en situaciones concretas. Puede ser que por esta razón la capacidad de hacer lo debido, de cumplir el deber que resulta para la persona particular de las normas de deber, haya sido incluida a menudo en la noción de deber. Podría pensarse en formar un concepto de deber concreto que comprenda también la capacidad de actuar conforme a la norma abstracta y emplear para él la palabra deber. La antijuridicidad y la culpabilidad entrarían entonces, de igual modo, en ese concepto. Pero como se trata precisamente de la separación de la antijuridicidad y la culpabilidad, esto es, del reconocimiento de su contraposición, no es recomendable la formación de ese concepto. Para la caracterización de la culpabilidad es inútil.

Con la distinción entre deber y poder se logra un criterio sencillo y generalmente útil, al cual se pueden referir todos los casos de exclusión de la culpabilidad. Con esto queda establecido el punto de partida metódico para la teoría de la culpabilidad. Esta debe agotarse necesariamente en la exposición de los momentos que excluyen la libertad y, con ella, la culpabilidad, puesto que el orden jurídico parte de la base de que la persona normal posee, en los casos ordinarios de la vida, libertad de actuación[28].

---

ción de la norma y del deber solo son las formas bajo las cuales la acción antijurídica se revela según el punto de vista del juzgador; esto es, que el delito aparece como violatorio de normas desde el punto de vista del orden jurídico, cuya prescripción, o, en su caso, prohibición, ha sido violada, pero también como violatoria del deber, desde el punto de vista del individuo que no ha observado la obligación impuesta por ese mandamiento legal.

28 MAURACH (ob. cit.) sigue igualmente derroteros totalmente nuevos en la teoría de la culpabilidad. Para encontrarle un fundamento común a la pena y a la medida de seguridad, introduce un nuevo criterio de imputabilidad, que se apoya en dos peldaños: la responsabilidad del hecho, que corresponde a cada persona por su hecho típico y antijurídico, inclusive al enfermo mental y al niño, en la medida en que no haya actuado en circunstancias completa-

¿Qué pasa ahora con el resto de la estructura del sistema, con la clasificación de la tentativa, la participación y el concurso? La tentativa es un tipo finalista, cuya particularidad consiste en que el resultado perseguido no se realiza. La instigación y la complicidad son conceptos finalistas, pues designan contenidos especiales de la voluntad, en virtud de los cuales se diferencian entre sí y también de la autoría. Por lo tanto, la participación y la tentativa deben entrar necesariamente en la teoría de los delitos dolosos.

La participación es tratada en los sistemas de von Weber y de Welzel conjuntamente con la autoría, dentro de la teoría del injusto, en von Weber[29], en la teoría del tipo subjetivo, porque se trata de variaciones del dolo delictivo; en Welzel[30], dentro de la teoría del autor del injusto, la cual pertenece a la teoría del injusto, porque este es de naturaleza personal.

El delito intentado aparece en von Weber como un tipo de delito independiente, al lado del delito doloso de resultado y del delito culposos[31]. Por el contrario, Graf zu Dohna y Welzel, en el fondo, se mantienen dentro del sistema tradicional, al clasificar[32] la tentativa y la consumación: Graf zu Dohna, como modalidades de la comisión del delito[33], y Welzel, como etapas de su realización[34].

mente anormales que excluyen la responsabilidad (§§ 52, 54 y 55, 3er. apartado, del Código Penal), y la culpabilidad, que es un aumento de la responsabilidad del hecho y que presupone la capacidad del autor de dejarse determinar por las normas (pág. 89). La discusión de esta teoría debe dejarse para una investigación posterior.

29 *Grundriss*, 2ª ed., págs. 68 y ss.

30 *Das deutsche Strafrecht*, § 16.

31 *Zum Aufbau des Strafrechtssystems*, pág. 12; *Grundriss*, pág. 74.

32 *Aufbau der Verbrechenslehre*, 3ª ed., págs. 55 y ss.

33 *Das deutsche Strafrecht*, 2º libro, 3ª parte.

34 Maurach trata la preparación y la tentativa como etapas de la realización del delito doloso (op. cit., págs. 109 y ss.), y la autoría y la participación, por el contrario, después del delito culposo, en el capítulo de «Pluralidad de hechos y de autores» (ob. cit., págs. 126 y ss.).

VII.

CUESTIONES PRÁCTICAS

Dejemos ya las cuestiones más sistemáticas y pasemos a las jurídico-prácticas. No hay duda que la teoría finalista de la acción tiene que ser de un significado definitivo para el tratamiento de la tentativa y la participación. Precisamente aquí surgen los problemas que se discuten desde el punto de vista legal, referentes a la teoría subjetiva, sostenida principalmente por el Tribunal Supremo de Justicia, y a la objetiva, sostenida por la doctrina predominante.

1. La ley caracteriza la tentativa como el hecho de poner en ejecución una determinación dirigida a cometer un delito. De ahí resulta que la tentativa solo puede determinarse desde el punto de vista de la voluntad del agente, es decir, solo subjetivamente. Los actos preparatorios y la tentativa no es posible distinguirlos objetivamente, esto es, según el diverso valor de su causalidad, como causa o como condición, ya que, con la producción del resultado, el concepto de tentativa excluye de antemano la causalidad de la acción. La decisión depende de la determinación que tenga, dentro del plan del delito, la actividad de que se trata según la voluntad del agente. Si ella debe lograr inmediatamente la ejecución del delito, hay tentativa; si solo hace posible su ejecución, hay únicamente actos preparatorios[35]. Esto no puede deducirse de acontecimientos externos, sin tener en cuenta la voluntad del autor.

---

[35] VON WEBER, *Zum Aufbau des Strafrechtssystems*, pág. 13; *Grundriss*, 2ª ed., págs. 78-79; WELZEL, *Das deutsche Strafrecht*, pág. 94; GERMANN, *Das Verbrechen im neuen Strafrecht* (1942-1943), pág. 71; y del mismo, *Der Verbrechensbegriff nach schweizer. Strafgesetzbuch*, 1943, pág. 22.

Si B, decidido a matar a A, desenfunda su revólver y lo desasegura, hay tentativa si con esto quiere inmediatamente apuntarle a A y dispararles[36]. Es acto preparatorio si lo hace estando en acecho, para poder disparar inmediatamente cuando aparezca A.

El concepto de tentativa, como ejecución de la decisión de delinquir dirigida a una realización inmediata, comprende necesariamente los casos de las llamadas tentativas inidóneas o delitos imposibles. La mujer que, suponiendo erróneamente estar embarazada, toma sustancias abortivas o permite una intervención para abortar el sospechado fruto de su vientre; el cazador furtivo que al anochecer dispara a un tronco en la creencia de que alcanza a un guardabosques; o la mujer que, queriendo eliminar a su cónyuge para allanar el camino del matrimonio con su amante, se equivoca y en vez de mezclar cianuro en la bebida, mezcla azúcar, quieren todos ellos, al ejecutar esos actos, realizar inmediatamente la decisión de delinquir. También ejecutan una decisión dirigida a realizar un delito la embarazada que toma una infusión inofensiva en la creencia de que es un medio eficaz para el aborto, o el agricultor que cree que puede causar la muerte del ganado del vecino odiado si lo manda rezar de la bruja del pueblo.

Desde hace mucho tiempo se acepta que no en todos estos casos hay lugar a pena, y también se admite que el criterio para la delimitación de la punibilidad no puede deducirse del concepto de tentativa, sino que solo puede encontrarse en un momento exterior a los que le son propios, desde el punto de vista político-criminal de la punibilidad.

Como momento decisivo se ha reconocido, en forma bastante general, la peligrosidad de la realización de la voluntad. Sin embargo, existen diversas opiniones sobre si la peligrosi-

[36] De acuerdo con este, *Entscheidungen des Reichsgerichts in Strafsachen*, vol. LXVIII, pág. 336.

dad debe determinarse objetiva o subjetivamente. La teoría dominante de la peligrosidad, que fija el límite entre conductas punibles y no punibles con arreglo al pronóstico objetivo ulterior basado en las circunstancias coetáneas al hecho, según el juicio de una persona prudente, une los puntos de vista objetivos.

Respecto a la cuestión de la idoneidad de la tentativa para producir el resultado, dicha teoría parte de la idea que se forme el autor acerca de la totalidad de las circunstancias (la mujer que no está encinta se considera embarazada, la cónyuge mezcla azúcar creyendo que es cianuro); pero el problema consistente en saber si en esas circunstancias el autor podía alcanzar el resultado perseguido, por los medios elegidos, lo resuelve, no según su opinión, sino según el juicio de una persona razonable. La embarazada que toma una pócima inofensiva con el fin de abortar, el campesino que hace rezar el ganado del vecino, consiguientemente no son punibles.

La teoría subjetiva, sostenida en jurisprudencia reiterada por el Tribunal Supremo del Reich, no tiene en cuenta para nada la necesidad del peligro objetivo en relación con el bien jurídico atacado. La voluntad delictiva es peligrosa para el orden jurídico, y, por lo tanto, es digna de pena en la medida en que, de conformidad con su criterio, se ponga en marcha para la ejecución inmediata del delito. Desde este punto de vista, tomar un brebaje inofensivo con intención de abortar es una tentativa punible. Por esta razón se ha censurado como una inconsecuencia el hecho de que el Tribunal Supremo del Reich, no hubiera condenado la forma de actuar de nuestro campesino como tentativa supersticiosa.

La teoría finalista de la acción pasa por alto el interrogante de si ha de seguirse la teoría de la peligrosidad o la teoría subjetiva ilimitada, pero aclara que la limitación impuesta a la punibilidad no puede deducirse del concepto de tentativa. Sin embargo, GRAF ZU DOHNA[37] y VON WEBER[38] se encuentran en el campo de la teoría de la peligrosidad.

WELZEL rechaza la referencia al objeto atacado, porque ella va a parar en el resultado. Este autor refiere la peligrosidad de la voluntad a la realidad y validez del orden jurídico, sin atender a su idoneidad concreta para exponer a peligro el objeto de su agresión. La voluntad que no tiene fundamento en la realidad (tentativa supersticiosa) no es capaz de perturbar la validez del orden jurídico. Por esta razón, como fuerza espiritual, no es peligrosa. En esta forma, el contenido del injusto se desplaza completamente a la desobediencia, en el sentido de la teoría de las normas de BINDING. Con todo, la validez del orden jurídico no se perturba cuando haya que contar con la posibilidad de que aparezca un daño, según un juzgador justo y con arreglo a las circunstancias conocidas al tiempo del hecho.

La teoría de la deficiencia del tipo (*Mangel am Tatbestand*), sostenida también por GRAF ZU DOHNA, queda por fuera de la contraposición teórica entre lo subjetivo y lo objetivo, si se mira únicamente su fundamentación teórica. Dicha teoría parte de la idea de que la regulación legal de la tentativa solo comprende los casos en que la deficiencia atañe a la propia acción y no aquellos en que atañe a las circunstancias concomitantes, esto es, las propiedades del sujeto o del objeto exigidas especialmente por el tipo o los medios por él requeridos[39]. Del concepto de la tentativa no se puede deducir esa limitación. La decisión de hacer no comprende solo la meta que el autor se propone, sino la realización del tipo completo.

2. En la teoría de la participación la controversia radica, en primer lugar, en distinguir entre autoría, por una parte, e inducción y complicidad, por otra; y en segundo lugar, en el ca-

---

37 *Aufbau der Verbrechenslehre*, 3ª ed., págs. 57-58.

38 *Grundriss*, 2ª ed., pág. 80.

39 *Aufbau der Verbrechenslehre*, 3ª ed., págs. 49-50.

rácter accesorio de la participación. El primer problema se refiere a la cuestión, muy importante en la práctica, de la delimitación de la coautoría y la complicidad. Aquí también los esfuerzos de la teoría objetiva, surgida en el campo de la dogmática clásica, al encontrar la característica distintiva en los sucesos externos estaban destinados a fracasar, por cuanto el concepto de causación no es susceptible de ser graduado.

Las formas de la participación se diferencian entre sí y en relación con la autoría por el contenido de la voluntad. Inducir y ser cómplice son actividades finalistas, dirigidas a un fin. El instigador quiere despertar una voluntad ajena, encaminada a ejecutar algo, y el cómplice quiere estimular un hecho ajeno. El autor quiere el hecho como propio y el partícipe lo quiere como ajeno. Aquel actúa *animo auctoris* y este *animo socii*. En todo caso, esto no debe entenderse con base en que el agente puede imprimirle a su acción el carácter de participación únicamente porque diga: «Quiero el hecho como ajeno».

La jurisprudencia del Tribunal Supremo del Reich, como es sabido, no siempre ha evitado este error. La mujer que, en virtud de una decisión tomada de acuerdo con su hermana, mata al hijo natural de esta, recién nacido, metiéndolo en una tina en la que se ahoga, debe ser punible, no como autora (coautora), sino como cómplice en una muerte dolosa (§ 211 o 212 del Código Penal), si no actuaba con voluntad de autor y solo había querido ayudar a su hermana en la ejecución del hecho[40].

La coautoría de dos hombres en el delito a que se refiere el § 176, 1er. apartado, número 2º, del Código Penal, podría darse en el caso de que dos hombres conciban el propósito de abusar de la persona de una mujer síquicamente enferma en acto sexual extramarital, y que, conociendo cada uno el plan del otro y aprobada en forma conjunta su ejecución, por lo menos uno de los dos realice efectivamente el acto. En este caso se puede consi-

[40] *Entscheidungen des Reichsgerichts in Strafsachen,* vol. LXXIV, pág. 85.

derar que cada uno ha querido como hecho propio el acto sexual del otro, realizado o proyectado. La coautoría se considera posible aun en el caso en que, con arreglo al plan de los dos hombres, solo uno deba realizar el acto, pero en la medida en que el otro quiera esa acción como suya propia, no como ajena[41].

Precisar la formación del *animus* protege contra tales juicios, extraños al pueblo y objetivamente incorrectos. El hecho lo quiere como propio solamente quien, con base en su propia determinación, lo ejecuta, sea personalmente o por intermedio de alguien que está sometido a su voluntad. El dominio sobre el hecho separa la autoría de la simple participación[42]. El partícipe deja la ejecución del hecho a la decisión de otro. El que exista lo uno o lo otro es una cuestión del contenido de la voluntad, pero también de la realización de la voluntad. Si no se consideran las desviaciones «supersubjetivas», esta es también la concepción sostenida de modo constante en reiterada jurisprudencia del Tribunal Supremo del Reich, la cual ha sido mantenida a pesar de todos los ataques; su justificación dogmática la encuentra en la teoría finalista de la acción.

El problema del carácter accesorio de la participación comprende dos cuestiones: en primer lugar, si la inducción y la complicidad solo deben ser punibles cuando realmente existe un hecho ajeno, y, en segundo lugar, qué debe entenderse por hecho ajeno. La primera cuestión no interesa aquí, pues se trata de un asunto de regulación legal positiva.

Desde 1943 la accesoriedad se ha ampliado en este punto. La inducción a delinquir es punible inclusive cuando no tiene éxito, sea que no se cometa el hecho principal, sea que, aunque se haya cometido, la acción inductora no haya decidido al au-

---

41 *Entscheidungen des Reichgerichts in Strafsachen*, vol. LXXI, pág. 364.

42 En esta forma, ante todo, VON WEBER, *Grundriss*, 2ª ed., pág. 65, y en forma especialmente detallada, WEBER, *Das deutsche Strafrecht*, págs. 57 y ss., y en *Süddeutsche Juristen Zeitung*, 1947, separata, págs. 465 y ss.

tor, porque este se hallaba ya resuelto en el momento de la instigación, o porque la decisión de actuar la hizo tomar posteriormente la instigación de otro o una circunstancia especial (§ 49, apartados 1 y 2 del Código Penal). Quien actúa para provocar un hecho principal ajeno, por ejemplo dando consejos sobre la manera como puede realizarse un robo con fractura, es también punible, en cuanto el hecho principal sea delito, si este no se cometió, o si la actividad considerada como coadyuvante no provocó el hecho principal, porque, por ejemplo, el autor principal no se sirvió en ninguna forma de consejo, sino que efectuó la fractura sin tenerlo para nada en cuenta y en forma totalmente distinta, o porque no utilizó las herramientas que se le prestaron (§ 49, apartado 3 del Código Penal).

La segunda cuestión fue resuelta por la teoría dominante, seguida por la jurisprudencia, en el sentido de que el hecho ajeno no solo debe ser antijurídico, sino también culpable. No era esto precisamente la consecuencia de una interpretación forzosa del concepto de acción «punible», con el cual caracterizaban el hecho ajeno las prescripciones sobre instigación y participación en su redacción vigente hasta 1943, sino, antes bien, una consecuencia de la concepción del dolo como forma de la culpabilidad. Si el dolo es una forma de la culpabilidad, sin duda alguna el incapaz de culpabilidad es, por lo tanto, también incapaz de actuar dolosamente.

En consecuencia, puesto que la inducción y la complicidad conceptualmente solo son concebibles en relación con un hecho doloso ajeno, el incapaz de culpabilidad no puede ni ser inducido a su hecho ni ser cómplice. Para evitar sentencias absolutorias insostenibles se acudió a la figura jurídica de la autoría mediata. Esta nueva interpretación no podía ofrecer dificultades de ningún modo en cuanto a la inducción, después de habérsele negado al incapaz de culpabilidad, no solo la capacidad de acciones dolosas, sino también la capacidad de acciones tendientes a un fin.

Así las cosas, se debería considerar al enfermo mental A, que por medio de un engaño cuya razón este no puede comprender, es inducido por B a incendiar la casa de C, como instrumento de B, sin tener que preguntar si ha ejecutado o no ha ejecutado la determinación despertada en él por B en forma totalmente independiente y libre de toda idea de subordinación. Entonces B podría ser sancionado como autor mediato.

Sin embargo, no es tan fácil darle el significado de autoría mediata a la complicidad en el hecho de un incapaz de culpabilidad. Si el enfermo mental A decide, sin intervención de B, incendiar la casa de C, para vengarse, por ejemplo, de B, o porque los bomberos lo atraen, y B le facilita los medios cuando aquel se los pide y conociendo los proyectos, hay muy poco fundamento para suponer que A actúa subordinado a la voluntad de B, cual instrumento, así como para suponer que B quiere el hecho como suyo propio.

Una nueva complicación resulta cuando el partícipe no conoce la incapacidad de culpabilidad del autor, o cuando, por el contrario, supone erróneamente tal capacidad. En el primer caso le falta la voluntad de utilizar al ejecutor como instrumento; en el segundo tiene en realidad esa voluntad, pero el ejecutor no actúa como instrumento. El suponer la autoría mediata implica un defecto en el tipo subjetivo, en el primer caso, y en el tipo objetivo, en el segundo.

La teoría dominante no ha llegado a una solución uniforme[43]. Siempre que se trató de participación en hechos de niños y de menores, el Tribunal Supremo del Reich eludió todas esas dificultades dando a la minoría de edad penal y a la inmadurez el sentido de causa personal de exclusión de la pena, causa que no se interpone en el camino de la punibilidad independiente del partícipe. Por último, el legislador reconoció expre-

[43] Las múltiples tentativas siempre se han quedado en construcciones teóricas. Véase a FRANK, *Strafgesetzbuch*, 18ª ed., pág. 105.

samente en la ley de tribunales de menores de 1923, en el § 4, la posibilidad de inducción y de complicidad punibles en los hechos de niños con minoría de edad penal y de jóvenes menores de edad. En esta forma aceptó, adhiriéndose al proyecto de 1919, el principio de la accesoriedad limitada. Igualmente, el Tribunal Supremo del Reich mantuvo su construcción jurídica, que conduce al mismo resultado práctico. La teoría dominante limitó la prescripción del § 4 de la ley de tribunales de menores a los casos en que la inimputabilidad se funda en la minoría de edad penal o en la inmadurez. Si el menor, autor principal, es inimputable con base en una de las causales del § 51, se debe acudir a los principios vigentes del derecho penal para mayores de edad, en el cual se ha mantenido el concepto de que no es posible la participación en el hecho de un incapaz de culpabilidad. En esta forma la teoría dominante allanó el camino para la solución de las dificultades indicadas. La jurisprudencia le tributó en esto su adhesión. La nueva concepción de las normas sobre inducción y complicidad designan el hecho ajeno como una «acción conminada con pena». En virtud de ella, la punibilidad del partícipe debe ser planteada también en el derecho penal para mayores de edad, independientemente del hecho que el autor sea inimputable o no lo sea.

En todo caso, para la dogmática tradicional surge aquí un nuevo problema. Este resulta de la nueva prescripción del § 51, apartado 1, según la cual el que haya participado en la comisión de un hecho será castigado según su culpabilidad y sin tener en cuenta la culpabilidad del otro. Si se entiende, siguiendo la teoría dominante, que dentro de la culpabilidad queda comprendido no solo la imputabilidad sino también el dolo, parece que puede darse la posibilidad de participación en hechos no dolosos. Y en realidad, Schönke[44] no solo afirma la posibilidad de inducción y de complicidad en hechos culposos,

---

[44] *Strafgesetzbuch*, 3ª ed., comentarios V y VII al § 48, y IV al §49.

concepción que anteriormente ya había sido sostenida, sino también la posibilidad de inducción a hechos no dolosos e inculpables. El médico que le ordena a la enfermera, que no sospecha nada, aplicarle al paciente una inyección mortal, debería ser condenado, por lo tanto, no como autor sino como inductor a la muerte causada, sin quererlo, por la enfermera, culposa e inculpablemente. WELZEL[45], de quien se ha tomado este ejemplo, opina que una concepción de esta índole conduciría a una inversión total de las condiciones de vida y a ideas completamente impopulares.

Por ahora no puede apreciarse si la teoría dominante está dispuesta a deducir esta consecuencia, aparentemente irrecusable desde el punto de vista de su «concepción formal de la culpabilidad», que la colocaría ante una contradicción insalvable con los conceptos de instigación y complicidad. Que esto no es probable, lo deja sospechar la tendencia a exigir dolo natural para el hecho principal, que no es otra cosa que el dolo de la teoría finalista de la acción y que es designado —por KOHLRAUSCH[46]— precisamente como algo esencial de la acción volitiva cuando la interpretamos en sentido finalista.

Para la teoría finalista de la acción no existen, ya desde el derecho antiguo, esas dificultades. Para ella el hecho ajeno es precisamente el que cumple el tipo objetivo y subjetivo. La cuestión de la culpabilidad no incide en el dolo. El enfermo mental, el menor y el niño pueden actuar con propósito, esto es, dolosamente. En sus hechos es posible la instigación y la complicidad. El error acerca de su imputabilidad no excluye su punibilidad, puesto que el dolo del partícipe abarca únicamente la participación en el hecho ajeno como una acción que envuelve los atributos subjetivos y objetivos de un tipo delictivo. No abarca la responsabilidad del autor. Mas con esto no se ex-

---

45 *Das deutsche Strafrecht*, págs. 58, 65 y 70.

46 *Strafgesetzbuch*, 38ª ed., págs. 178-179.

cluye la posibilidad de que el autor utilice al inimputable como instrumento. Autor es solamente todo aquel que tiene dominio sobre el hecho, sin atender a si es responsable o no lo es. Evidentemente parece que queda aquí una laguna dogmática. Si el agente, a consecuencia de error, no actúa dolosamente, quien conociendo ese error lo coadyuva, no puede ser responsable como cómplice. En verdad, el hecho ajeno cumple el tipo objetivo pero no el subjetivo de un delito. Si en la persona que coadyuva se dan las características correspondientes de autor, puede ser sindicada como autor mediato. De no ser así, podría quedar impune.

Algunos ejemplos pueden aclarar lo anterior: 1º) A la hora del crepúsculo A cree que B es una pieza de caza y quiere dispararle. C descubre el error y le presta a A inmediatamente el arma cargada. C tiene el dominio del hecho y la voluntad de dominio sobre este. Si A hiere mortalmente a B, él es autor mediato de un asesinato o de un homicidio doloso. 2º) X se dispone a ponerse el abrigo de Y, que considera que es el suyo, y Z le ayuda, conociendo el error. Como este no tiene la intención de apropiárselo, por ello no puede ser autor mediato de hurto. 3º) A tiene relaciones sexuales con su hija ilegítima, pero sin conocer su vínculo de parentesco. B, que conoce los hechos, le busca la oportunidad para esto. Autor mediato de incesto no puede ser B, porque el incesto es un delito que solo puede ser cometido por determinadas personas. En los casos 2º y 3º falta también el dominio del hecho en los cooperadores.

Con respecto a la receptación (*Hehlerei*) y al favorecimiento (*Begünstigung*) resultan los mismos problemas. De *lex lata* ellos suponen un hecho anterior «punible». La ordenanza del 29 de mayo de 1943, que en las prescripciones sobre inducción y complicidad puso, en lugar de una acción «punible», una «acción conminada con pena», como hecho principal, no modificó el tipo del favorecimiento, ni el de la receptación. Tanto antes como ahora los dos delitos requieren un hecho anterior punible. Por esta razón la teoría dominante se encuentra, desde su punto de vista, obligada a mantenerse dentro del campo de la accesoriedad estricta. Si el inimputable A se sustrae una cosa y B le ayuda a llevarla a su lejana vivienda, no puede haber favorecimiento. C, que quiere una cosa robada por el inimputable D, no puede considerarse como receptador, y solo puede ser castigado por apropiación indebida.

La ley de tribunales de menores de 1923 había ampliado en este punto la accesoriedad en forma similar a la participación[47]. Si en nuestros ejemplos los mencionados autores A y D no fueran inimputables por su minoría de edad, consiguientemente B y C serían punibles respectivamente por favorecimiento y por receptación. La ley de tribunales de menores, en su formulación del 6 de noviembre de 1943, ya no contiene una prescripción correspondiente al § 4, letra f. En consecuencia, la teoría dominante debería negar de nuevo el favorecimiento a B y la receptación a C. La teoría finalista de la acción no exige más que un hecho anterior objetiva y subjetivamente antijurídico, pero no culpable, y llega así al mismo resultado satisfactorio al que llegó en la instigación y la complicidad.

En los casos de omisión de denuncia de planes de delitos graves, se ha sostenido, bajo el régimen de la antigua formulación del § 139 del Código Penal, el criterio de que el deber de denunciar no existe respecto a planes delictivos de inimputables, ya que estos no pueden cometer ningún delito ni ninguna tentativa punible de delito. Según la nueva formulación de la norma, hecha por la ley del 2 de julio de 1936, KOHLRAUSCH opina que, con arreglo a la finalidad preventiva

[47] El proyecto de 1930 establecía de manera expresa que la punibilidad del encubridor (favorecedor y receptador) era independiente de la punibilidad del autor principal. A esto no se vinculaba ninguna profesión dogmática. La jurisprudencia quedó en libertad de interpretar esas determinaciones diciendo que ellas constituyen un motivo personal de exclusión de la pena.

de la prescripción, también obliga la denuncia del conocimiento de los planes delictivos del inimputable. Ya desde sus fundamentos dogmáticos, la teoría finalista de la acción llega, sin necesidad de recurrir a la finalidad preventiva, a este resultado anhelado desde el punto de vista de la política criminal y objetivamente correcto[48].

3. Respecto a la determinación del hecho en estado de embriaguez y del hecho que implica reclusión del inimputable en un reformatorio, no hay evasiva ante la exigencia de separar el dolo y la culpabilidad. En ambos casos la ley exige que el inimputable haya cometido una acción conminada con pena. Aquí existe acuerdo general acerca de que la acción conminada con pena ha de presentar todas las características del tipo, aun las subjetivas, excluyendo la imputabilidad.

No podía ser de otra manera. De los sucesos externos no es posible deducir que exista una acción conminada con pena, ni tampoco qué clase de acción sea. Baste solo recordar el caso a que se refiere la *Juristische Wochenschrift* (año de 1936, número 21, pág. 456). Ingiriendo bebidas alcohólicas dos jóvenes habían llegado a un estado de embriaguez que excluye la imputabilidad, y al regresar por la noche a su casa en ese estado, en la oscuridad colocaron dos tubos de cemento de cerca de tres quintales cada uno, que yacían al lado de la calle, en forma tal que la bloquearon. Un hombre y una mujer, a quienes el ruido les había llamado la atención, notaron desde su vivienda el obstáculo. La mujer logró detener al conductor de un vehículo que venía en ese momento y pudo advertirlo de la existencia de los tubos.

Con respecto a la apreciación jurídico-penal de ese hecho en estado de embriaguez se ofrecen posibilidades completa-

[48] El proyecto de 1930, § 199, apartado 2°, estableció la punibilidad de la omisión de denuncia independientemente de la punibilidad del autor y del partícipe.

mente diversas, según la idea y la voluntad que acompañaron al hecho de colocar los tubos en la calle. Si los borrachos querían hacer detener los coches y robar a los que iban dentro, esa conducta llena los requisitos del tipo de robo en la calle por medio de atraco de automóviles. Si tenían consciencia de que el automóvil podía chocar contra el obstáculo y que en esta forma resultarían muertas algunas personas, y aprobaban el resultado o por lo menos lo suponían, su hecho se presentaría como homicidio doloso intentado. Si por esa misma calle transitaba un tranvía y los autores aceptaban que con esa forma de actuar preparaban un obstáculo en la carrilera que perjudicaba la seguridad del funcionamiento del tranvía y creaba así un peligro para la vida de las personas y para los bienes, realizaban, en caso de que todo esto lo sospecharan por lo menos, el tipo de infracción consistente en exponer dolosamente a peligro el transporte, según lo establece el § 315, apartado 2, del Código Penal. Si se ignoraba todo esto, entonces queda el delito de exposición culposa a peligro del transporte (§§ 315 y 316, apartado 2, del Código Penal). Si no transitaba por la calle ningún tranvía, su voluntad era por lo menos la de obstaculizar el libre movimiento de los vehículos que pasaran por ella. Desde este punto de vista el hecho en estado de embriaguez es una contravención, según lo establece el § 36 de la ordenanza de tránsito.

Para la medida de la pena es de importancia decisiva el tipo que configura el hecho realizado en estado de embriaguez. La ley conmina con prisión o con pena pecuniaria la «embriaguez total». Sin embargo, la pena no puede ser mayor, en su clase y medida, que la pena con que se conmina la comisión dolosa de la acción. Si el mencionado caso de un hecho en estado de embriaguez se debiera considerar únicamente como contravención según los §§ 25 y 26 de la ley de tránsito, entonces la mayor pena posible sería arresto de seis semanas; no obstante, el juez también podría imponer solo una multa cuyo límite mínimo es de un marco. Si la intención de los autores estaba dirigida a matar o a robar atracando el coche, podrían ser condenados a prisión hasta por cinco años.

La jurisprudencia y la doctrina dominantes se ven obligadas a reconocer que quien se halla en estado de embriaguez debe realizar el tipo objetivo y subjetivo de un delito, excluyendo solo la imputabilidad, y que «al averiguar el tipo debe tenerse en cuenta la voluntad de dicha persona dirigida a un resultado determinado, junto con los sucesos externos»[49].

Tanto la jurisprudencia como la doctrina se sirven, aunque en realidad no sin encontrar oposición, de un concepto de dolo natural y también de culpa natural. Esto conduce a una reduplicación poco satisfactoria del concepto de dolo.

Por otra parte, se plantea el problema de saber dónde ha de clasificarse sistemáticamente ese dolo natural. ¿Pertenece a la acción, a la tipicidad o a la antijuridicidad? Desde el punto de vista de la doctrina dominante, el supuesto de un dolo natural significa dogmáticamente una contradicción. Prácticamente significa el reconocimiento de los resultados de la teoría finalista de la acción. Para esta no existen dificultades ni dogmáticas ni prácticas. Puesto que ella concibe el hecho como una unidad articulada objetiva y subjetivamente, no puede surgir en modo alguno la cuestión de si un suceso objetivo produce responsabilidad a causa de embriaguez total o puede tener como consecuencia la reclusión en un reformatorio. De otro lado, para ella no hay duda

[49] Así lo sostiene expresamente el Tribunal Supremo del Reich (*Juristische Wochenschrift*, vol. XX, 1936, pág. 356). Sin embargo, el que no quiera apartarse de la dogmática tradicional, resulta de las explicaciones que da luego. En cierta forma justificándose, quiere decir esto, ya que no se opone a la necesidad de considerar la voluntad del ebrio para determinar el hecho en estado de embriaguez, el que la voluntad de un inimputable no tenga importancia desde el punto de vista del derecho penal. ¡Y esto después de haber señalado dicha importancia!

alguna de que el inimputable a causa de embriaguez total o de cualquier otro trastorno de la consciencia, puede actuar con propósito, esto es, dolosamente.

4. También la exclusión de la culpabilidad respecto a conductas en estado de necesidad jurídico-penal y bajo mandato obligatorio antijurídico, no encaja dogmáticamente en forma perfecta dentro del sistema tradicional. En los casos de inimputabilidad y de error acerca de la prohibición, la teoría dominante niega, con la culpabilidad, el dolo, ya que comprende en el contenido del dolo la consciencia de la antijuridicidad. El que obra en estado de necesidad y el que obedece una orden obligatoria conocen la antijuridicidad de la acción. El dolo no se excluye, pero sí la culpabilidad, en vista de la coerción síquica a que está sometido el agente.

Para la doctrina dominante la exclusión de la culpabilidad se apoya en este caso en la falta de libertad, es decir, en un momento externo del dolo. Los casos de exclusión de la culpabilidad por inimputabilidad y error acerca de la prohibición son tratados, en relación con el dolo, en forma distinta de los casos de exclusión por situaciones anormales de motivación. Al separar el dolo de la culpabilidad, la teoría finalista de la acción se encuentra en posibilidad de evitar esa diferenciación y de remontar la exclusión de la culpabilidad a un principio unitario, exactamente al momento de la libertad, que es también decisivo en los casos de inimputabilidad y de error acerca de la prohibición.

5. En el caso del error acerca de la prohibición, un defecto en el conocimiento oculta al autor lo prohibido del hecho. Por este motivo no se encuentra en condiciones de decidirse contra el injusto. No obstante, los defectos del conocimiento hasta cierto punto pueden subsanarse por medio de reflexión o indagación. La convivencia jurídica obliga a esforzarse en ese sentido, en la medida determinada por los círculos sociales y profesionales de la persona. Si empleando el esfuerzo que se debe exigir des-

de esos puntos de vista, el defecto del conocimiento es evitable para el miembro normal de la comunidad jurídica, el error es culpable. En este caso el hecho doloso, como tal, sigue siendo punible. Según el mayor o menor grado de culpabilidad, se atenúa la pena. Si el defecto del conocimiento no se podía evitar, se excluye la culpabilidad, y para la pena no hay ningún sitio.

De este modo se le da al problema del error de derecho la única solución correcta, lógica, dogmática y objetiva, que ya habían propuesto los proyectos de 1919 y de 1930, y se aclara una de las cuestiones más discutidas del derecho penal, teniendo en cuenta solamente las exigencias de la práctica. Permite abandonar la distinción, ya comprobada como irrealizable, entre error de derecho penal y extrapenal, que a falta de una doctrina adecuada el Tribunal Supremo del Reich había empleado como expediente para poder llegar, en casos concretos, a una decisión justa. Dicho Tribunal sostuvo, como es sabido, en jurisprudencia reiterada, la tesis de que el desconocimiento de normas de derecho penal no sirve de excusa (*error juris criminalis nocet*), en tanto que el desconocimiento de normas extrapenales (por ejemplo de derecho procesal civil o administrativo) debe considerarse, aplicando los preceptos correspondientes del § 59 del Código Penal, como el desconocimiento de las circunstancias del hecho, el cual por lo tanto, excluye el dolo. También sostuvo el Tribunal Supremo del Reich que en casos en que el error sea culpable, esto es, evitable, acarrea condena por comisión de un hecho culposo, en la medida en que dicha comisión sea conminada con pena por el legislador.

No debe desconocerse que este principio le hizo posible al Tribunal Supremo llegar a decisiones justas en casos concretos. Sin embargo, este éxito debe agradecerse única y exclusivamente a la circunstancia de que no se logró —y ello hay que aceptarlo con Kohlrausch— ni tampoco hubiera podido lograrse nunca delimitar el error de derecho penal frente al extrapenal. Por lo tanto, toda decisión se tomaba teniendo en cuenta el sentimiento jurídico[50], pero la fundamentación ulterior por medio de la existencia de un error de derecho penal o extrapenal tenía que revelar, sin embargo, la deficiencia de la legalidad ante la imposibilidad de esa distinción, y provocar la tacha justificada de arbitrariedad. Este es el caso, para citar solo algunas de las decisiones criticadas, de la jurisprudencia del Tribunal Supremo del Reich, sala penal (8, 147), en que el desconocimiento de la realidad de comerciante y, en consecuencia, de la obligación de llevar libros de comercio, se considera como error de derecho penal, aunque esa obligación la impone el Código de Comercio; o de la jurisprudencia (57, 235) en que se considera como un error de derecho civil y extrapenal la opinión equivocada que tiene aquel a quien el testador dicta un testamento y lo firma, opinión consistente en que el mandato es eficaz, mientras que el error de que el testamento es válido y formalmente correcto debe considerarse como un error irrelevante de derecho penal.

La jurisprudencia más reciente[51] se muestra inclinada a seguir la doctrina dominante, aceptada ya por el proyecto de 1936, la cual, al lado del conocimiento de las circunstancias fácticas que configuran las características legales del tipo, hace de la consciencia de la antijuridicidad un contenido del dolo, y con esto considera el error de prohibición en forma completamente general como error sobre el tipo.

Esta concepción es lógicamente insostenible, pues «el hecho de estar prohibida la acción no puede ser característica del

---

50 KOHLRAUSCH, *Strafgesetzbuch*, 38ª ed., pág. 234; VON WEBER, *Zum Aufbau des Strafrechtssystems*, pág. 22, y *Grundriss*, 2ª ed., págs. 123-125; MAURACH, ob. cit., pág. 109.

51 El Tribunal Superior del distrito de Kiel, *Deutsche Rechtszeitung*, 1946, pág. 126: «Si la capacidad para conocer el injusto es un supuesto de la culpabilidad, entonces la consciencia de realizar un injusto debería pertenecer siempre al dolo».

tipo, porque la realización del tipo es el objeto de la prohibición»[52]. Desde el punto de vista dogmático también es errónea, porque, por ejemplo, aquel que como jefe de tropa fusila a un miembro de las S. A. o tropas de asalto, asignado a él y acusado de saqueo por segunda vez, teniendo la opinión errónea de que puede hacerlo, en virtud de su cargo, sin sentencia judicial, mata dolosamente a una persona y no ya culposamente, por ser evitable el error[53]. Desde el punto de vista objetivo también es falsa, porque la consciencia de la antijuridicidad a menudo no existe en el momento de la comisión del hecho, puesto que el agente obra ante un fuerte impulso del ánimo (por ejemplo el asesino sádico), o por una reacción repentina (por ejemplo, el ladrón sorprendido que mata al dueño de casa que lo sorprende). En estos casos no hay tiempo para reaccionar, ni tampoco para adquirir consciencia de la prohibición[54]. Así, pues, el juzgador se encuentra aquí ante la ineludible alternativa de tener que elegir entre una absolución insostenible y una calificación de la consciencia de la antijuridicidad, hecha a espaldas de la realidad de la vida.

Por último, la doctrina dominante es poco satisfactoria desde el punto de vista de la política criminal, puesto que en caso de error culpable de derecho solo se hace posible el castigo cuando la comisión culposa del hecho está conminada con pena por la ley. Recurrir a un tipo conjunto de culpa jurídica, como lo preveía el proyecto de 1936, conduce a resultados tan contradictorios como el de hurto o estafa culposos, pero deja impunes la tentativa y la participación. Todas esas incongruencias se

---

[52] GRAF ZU DOHNA, *Aufbau der Verbrechenslehre*, 3ª ed., pág. 49.

[53] Este caso motivó la decisión del Tribunal Superior del distrito de Hamburgo (*Monatschrift für Deustches Recht*, 1947, pág. 241, núm. 103). El terror del acusado fue calificado por el Tribunal de Revisión como de derecho administrativo. En la segunda decisión el Tribunal Regional negó que ese error dependiera de culpa, pero condenó por delito contra la humanidad. El Tribunal Superior de Hamburgo confirmó esta condena.

[54] VON WEBER, *Grundriss*, 2ª ed., pág. 124.

evitan solo teniendo en cuenta el error actual sobre la prohibición, sea como causa que excluye la culpabilidad, sea como causa que la atenúa, si es evitable o no, respectivamente. Para asignarle esa función, que le corresponde objetivamente y desde el punto de vista jurídico-penal, la teoría finalista de la acción ofrece los fundamentos dogmáticos[55].

En tiempos normales rara vez ocurre que alguien considere por error, evitable o inevitable, que en un hecho punible sea jurídicamente permitido. En la situación actual, caracterizada no solo por el gran número de disposiciones originadas en una economía controlada, sino también por la inseguridad acerca de las normas de la época pasada que han sido derogadas por los cambios de gobierno y por la diversidad del orden jurídico en las cuatro zonas de ocupación, los casos de error de derecho no son fenómenos excepcionales. Se tiene que aceptar que un alegato de defensa basado en el fenómeno anteriormente descrito, a menudo no encuentra apoyo en circunstancias reales, y también que no pocas veces se abre paso solo en la instancia de revisión. Sin embargo, esto no nos debe hacer creer que los errores auténticos acerca de la prohibición son en la actualidad re-

55 Concuerdan sobre esto: Graf zu Dohna, ob. cit., págs. 49 y ss.; von Weber, *Grundriss*, 2ª ed., págs. 123 y ss. y «Die allgemeine lehren des Strafrechts in ihrer Anwendung auf das Organisation verbrechen», en *Die Spruchgerichte*, 1948, págs. 193 y ss.); Welzel, *Das deutsche Strafrecht*, págs. 78 y ss. y últimamente «Der irrtum über die Rechtwidrigkeit des Handelns», en *Süddeutsche Juristen Zeitung*, 1948, págs. 193 y ss. A pesar de que Graf zu Dohna y Welzel conciben el supuesto de un fenómeno justificante como una variedad del error de prohibición, en tanto que von Weber traslada dicho supuesto del error acerca de las circunstancias fácticas negativas al error sobre el tipo, en nada cambia el tratamiento uniforme del error de prohibición en los tres sistemas. Maurach (ob. cit., págs. 95 y ss., 105 y ss.) distingue: 1º) error sobre el tipo; 2º) error sobre los hechos o normas jurídicas, que no actúa nunca excluyendo el injusto, pero que, si es inevitable, quita la responsabilidad del hecho; 3º) falta de consciencia de la antijuridicidad (error de prohibición), que, inclusive si es inevitable, solo disminuye la culpabilidad, pero no la excluye.

lativamente frecuentes. Se tropieza, sin duda, con la concepción errónea de que las prescripciones del ordenamiento económico de la guerra perdieron su vigencia con la terminación del conflicto armado y con la caída del régimen de Hitler. Y tal error no es siempre culpable. La potencias de ocupación han abolido en realidad buen número de leyes dictadas después de 1933, mencionándolas expresamente. Con respecto al gran número de otras leyes no abolidas de modo expreso, debe examinarse si contienen ideas nacionalsocialistas. Si este es el caso, entonces no tienen ninguna validez; si no es el caso, tienen vigencia ahora como antes. La respuesta a este interrogante no es siempre fácil y exige pensamiento jurídicamente formado y profundos conocimientos de derecho.

No es raro que la jurisprudencia y la doctrina lleguen a resultados opuestos. Por este motivo, en los casos concretos debe examinarse cuidadosamente si el error es evitable o no lo es. Si a comienzos de setiembre de 1945, en un lugar que pertenecía temporalmente al territorio bloqueado de Schleswig, en el cual estaba confinado el resto del ejército alemán, un agricultor vende sin autorización oficial una res a un cocinero de barco para sacrificarla, porque participa de la opinión general dominante en el territorio bloqueado de que todas las leyes del tiempo de Hitler habían sido derogadas, puede creerse que ese error sea inculpable (así lo decidió el Tribunal Territorial Superior de Kiel, *Deutsche Rechtszeitung*, 1946, pág. 126). Pero es culpable, porque un agricultor tiene ante todo la obligación de conocer, por medio de averiguaciones, lo que es correcto en su profesión. En esta forma, ello no debe conducir a que el agricultor sea absuelto de la acusación de sacrificio clandestino de ganado, pues el delito descrito en el § 1, apartado 1, del decreto sobre carteles y competencia, solo puede cometerse dolosamente.

En Thüringen, después de la llegada de los americanos, una mujer ahogó a su hijo de cinco años, nacido antes del matrimonio y de quien se quería liberar hacía ya un largo tiempo, a pesar de que su marido le tenía cariño y no la apremiaba la necesidad. Ella fundamentó su hecho en la creencia de que ya no existía ley alguna. La capacidad de pensamiento de la mujer era tan primitiva y su sensibilidad ética tan poco desarrollada, que el error que ella afirmaba era creíble. No cabe duda que era evitable.

Según la teoría dominante, esa madre desnaturalizada solo podía ser castigada por muerte culposa. Absoluciones y condenas benignas de esa clase podían poner en duda la validez del orden jurídico. A fin de evitarlas, el proyecto de 1936 establecía que un error de derecho que se apoya en una actitud incompatible con la manera de ver del pueblo sobre lo justo y lo injusto, no debe tenerse en cuenta. Sin embargo, con esto se colocó en insuperable contradicción con su concepto de dolo y manifestó a un mismo tiempo y en forma muy clara su inutilidad.

El problema del error de derecho es de importancia decisiva en los delitos contra la humanidad. La ley 10 del Consejo de Control designa como tales: 1º) Los hechos de violencia que estén configurados, en las leyes de todos los Estados civilizados, como delitos conminados con pena; 2º) Los delitos multitudinarios evidentes, que por ser tratados como delitos concretos en las leyes penales de los Estados no pueden comprender el contenido especial del injusto propio del delito multitudinario[56].

Aunque aquí se trate también de hechos cuyo carácter injusto no es dudoso según el derecho alemán, no son pocos los casos en los cuales el autor creyó que su hecho era jurídico a causa de una orden de obediencia obligatoria procedente de la dirección del Estado o con base en una idea jurídica supralegal. Negar esto significaría cerrar los ojos ante una rea-

---

[56] Véase especialmente a GÜDE, en *Deutsche Rechtszeitung*, 1947, pág. 133, y Tribunal Superior del Distrito de Düsseldorf, en *Süddeutsche Juristen Zeitung*, 1948, pág. 328.

lidad que nos dice que el criterio para apreciar lo justo y lo injusto fue llevado a una confusión total por los disfraces y tergiversaciones, repetidos durante años, de la propaganda sin consciencia del régimen nacionalsocialista. Si se quiere sostener aquí el enunciado de la doctrina dominante, según el cual la consciencia del injusto es contenido del dolo, únicamente se podría llegar a una condena pasando por una ficción contradictoria de esa realidad humana.

El tercer grupo de delitos contra la humanidad, las persecuciones por motivos políticos, religiosos o raciales, no está en modo alguno limitado de antemano en la ley a las acciones que sean delitos según el derecho penal nacional alemán. Tales persecuciones, lo mismo que los delitos de los grupos primero y segundo, son delitos contra la humanidad, por cuanto son violaciones de los derechos fundamentales de la persona, los cuales son reconocidos desde el siglo XVIII por los ordenamientos jurídicos positivos de los Estados de Europa Occidental y de los países de América que pertenecen a su esfera cultural. Ellos constituyen el fundamento en que se apoyan esos ordenamientos jurídicos positivos y en cierta medida son anteriores a estos.

Hasta ahora no se han establecido de manera expresa prohibiciones inmediatas contra su violación, en los ordenamientos jurídicos positivos. A pesar de que la antijuridicidad de la violación de los derechos de la persona por persecuciones políticas, religiosas o raciales, no es dudosa, en virtud de ese reconocimiento general, y aunque además es aceptada por los miembros de la mencionada comunidad cultural, se da la posibilidad del desconocimiento de esos derecho en que las acciones que los vulneren no estén simultáneamente conminadas con pena, es decir, calificadas como delitos por el derecho penal positivo del país. Ese desconocimiento es evitable y, por lo tanto, no es discutible; pero en el caso de que se presente, la doctrina dominante tendría que negar el dolo y llegar a la absolución.

Esto atañe, en grado especial, a las denuncias, es decir, a las acusaciones relativas a los hechos. Su objeto lo constituían, por regla general, acciones conminadas expresamente con pena por leyes estatales. En cuanto se trate de leyes que regulan o sancionan la violación de los derechos de la persona, es evidente la oposición con los derechos humanos, y, por lo tanto, la antijuridicidad. El error de derecho es posible, pero su evitabilidad está fuera de duda. Si a quienes tenían el poder político se denunciaban acciones frente a las cuales, en virtud del principio de autoconservación, no se puede impedir a ningún Estado que se proteja (por ejemplo, traición a la patria o sabotaje militar), la antijuridicidad de la denuncia no debe deducirse de la severidad de la pena que tales acciones tenían como consecuencia, sino solo de la ausencia de la ley para el procedimiento observado, y, en caso extremo, del carácter antijurídico del gobierno del Estado. El denunciante considerará su denuncia muy frecuentemente como ajustada a derecho. En ocasiones su error también será disculpable. En el primer caso la doctrina dominante y en el segundo el principio fundamental de que el error en materia penal es inatendible, conducirían a resultados no equitativos[57].

[57] R. LANGE («Zum Denunziantenproblem», en *Süddeutsche Juristen Zeitung*, 1948, págs. 302, 309-311) considera igualmente la posibilidad de la consciencia de la antijuridicidad como suficiente, pero sin duda también como necesaria. En el mismo sentido se expresa dicho autor en «Kontrollratgesetz núm. 10 und deutsches Recht» *(Deutsche Rechtszeitung*, 1948, págs. 185, 187-188, 190). No ha mucho VON WEBER explicó en forma convincente («Die allgemeinen Lehren des Strafrechts in ihre Anwendung auf das Organisationsverbrechen», en *Die Spruchgerichte*, 1948, págs. 193 y 198) que en cuanto a los delitos de organización, establecidos en la ley 10 del Consejo de Control, la teoría dominante tuvo que llegar a las mayores dificultades con la equiparación del error acerca del tipo de la prohibición. No debería existir duda al responder a la pregunta que se formula VON WEBER: ¿Dónde están los miembros de la organización que tenían consciencia de que con su ingreso o permanencia hacían algo prohibido? Nada muestra tan claramente la insostenibilidad de la proposición de que la consciencia de la antijuridicidad pertenece al dolo.

6. Para el concepto de la unidad de acción, la finalidad es el momento constitutivo por excelencia. La finalidad unitaria reúne en una unidad la variedad de los actos. Frente a esto la función delimitante de los tipos legales solo tiene significación técnica. En la misma forma se constituyen las figuras jurídicas del delito continuado y del delito colectivo sobre el fin unitario puesto por la voluntad del autor. También se trata aquí de cuestiones referentes al tipo del injusto.

VIII.

LA TEORÍA FINALISTA Y LOS DELITOS CULPOSOS

En el ámbito de los delitos culposos, la dificultad de aplicar el derecho consiste en determinar las fronteras de las exigencias que se le formulan a la prudencia y diligencia del miembro de la sociedad. A la solución de este problema no puede contribuir en forma directa la teoría finalista de la acción. Sin embargo, hace posible un conocimiento tan importante para el tratamiento dogmático y sistemático de este grupo de delitos, que forma una categoría propia frente a los delitos[58] y que el

[58] Creo que este conocimiento obliga a averiguar si en el derecho penal moderno, que hace de la voluntad humana el punto central del concepto de delito y en general de todos los conceptos penales, existe aún campo para la figura de los delitos culposos. Germann indicó recientemente que los delitos culposos tienen poco de común con los delitos dolosos y que muchas cuestiones de la teoría del delito son irrelevantes para ellos (*Das Verbrechen in neuen Strafrecht,* 1943, pág. 141). La consideración de la culpa como forma de la culpabilidad, en el mismo plano del dolo, ha ocultado el hecho de que los delitos culposos son un cuerpo extraño en nuestro derecho penal, tanto desde el punto de vista dogmático como desde el punto de vista político-criminal. Casi en todos los casos coloca a los jueces ante decisiones difíciles, tanto respecto a la cuestión de la culpabilidad como en relación con la medida de la pena, a lo que se une, en mayor o menor grado, el momento de la casualidad y, con este, el de la arbitrariedad. La puesta de Germann (ob. cit., pág. 94) de rechazar la culpa como forma criminal de la culpabilidad y en su lugar crear delitos dolosos de exposición a peligro o limitarlos a medidas preventivas, me parece merecer, por este motivo, mucha consideración.

concepto de culpa abarca en forma igual los momentos de la antijuridicidad y la culpabilidad.

La diferencia entre antijuridicidad y culpabilidad según el deber ser y el poder, como lo hace VON WEBER, permite también separar claramente los dos elementos en el campo de la culpa[59]. El deber de observar una conducta prudente en relación con la posibilidad de causar un resultado socialmente dañoso, contiene la norma con que se mide la conducta del autor. La capacidad concreta de cumplir ese deber de cuidado incide en la cuestión del poder. GRAF ZU DOHNA[60] limita el tipo del injusto a la causación del resultado y a la falta de dolo. El deber de diligencia es para él elemento de la culpabilidad. WELZEL[61] niega la posibilidad y también la necesidad dogmática de un tipo de injusto separado de la culpabilidad, para los delitos culposos. En la culpa inconsciente el tipo de injusto depende siempre de la capacidad de culpabilidad del autor, y por regla general también en la culpa consciente, puesto que únicamente para el autor capaz de culpabilidad la causación del resultado es finalmente evitable. En esto concuerda con GRAF ZU DOHNA, quien concibe la culpa como expresión del contenido de culpabilidad de acciones no dolosas de personas capaces de culpabilidad.

El fundamento común de esto es la concepción que se conserva de que la esencia de la culpabilidad es la determinación de la voluntad contraria al deber. WELZEL, sin embargo, avanza un paso más. Para este autor concurren en forma inseparable la culpabilidad y el injusto, ya que incluye en el momento de la acción la inevitabilidad, que es momento esencial para el concepto de culpa y en el que se funda la culpa-

59 *Zum Aufbau des Strafrechtssystems*, pág. 16; *Grundriss*, 2ª ed., pág. 83.
60 Ob. cit., pág. 45.
61 *Deutsches Strafrecht*, pág. 82.

bilidad, para poder emplear el concepto de acción como genérico respecto a las acciones dolosas y culposas. De este modo, como lo ha enunciado acertadamente Engisch, toda la teoría del injusto y de la culpabilidad está absorbida por la teoría de la acción[62].

[62] Engisch, ob. cit., págs. 158-159.

IX.

INFLUENCIA DE LA TEORÍA FINALISTA DE LA ACCIÓN

La nueva teoría del tipo no se ha impuesto aún como una totalidad. En especial se rechaza la separación del dolo y la culpabilidad[63]. Sin embargo, sus ideas prácticamente han encontrado acogida en una extensión considerable. Se acepta que la facultad de formar una voluntad no es dependiente de la imputabilidad[64]. En el campo de la imputabilidad aminorada y del hecho en estado de embriaguez se actúa con dolo y culpa naturales. KOHLRAUSCH[65] plantea, además, en forma completamente general, el problema de si el dolo natural, como conocimiento y voluntad del resultado, pertenece a los presupuestos, conceptualmente esenciales, de una acción volitiva, o si pertenece a la culpabilidad, y se inclina hacia la primera alternativa, basado en el presupuesto que a él le parece indispensable de que la acción de la voluntad se concibe de modo finalista. Hay una actitud bastante amplia —aun en las recientes ediciones de

---

63 En este sentido, KOHLRAUSCH, ob. dt., 38ª ed., comentario III al § 59; MEZGER, *Grundriss*, 3ª ed., 7943, pág. 65; HELLMUTH MAYER, *Das Strafrecht des deutschen Volkes*, pág. 291; NIETHAMMER, en OLSHAUSEN, 12ª ed., comentarios 2 a y b, 5-7 y 8 e, al § 51; NAGLER en *Leipziger Kommentar* 6ª ed., págs. 40, 377 y ss.; SCHÖNKE, 3ª ed., nota previa IV al § 51.

64 En esta forma ya VON HIPPEL, *Deutsches Strafrechts*, vol. II, págs. 277-278; también KOHLRAUSCH, ob. cit., comentarios A I 2 al § 42 b; NAGLER, ob. cit., págs. 1, 20-21, 32.

65 Ob. cit., pág. 179.

los comentarios más importantes de la práctica— ante la idea de que la acción no se agota en la realización de un cambio en el mundo externo, sino que es la realización de una voluntad, y de que ella, como tal, tiene un aspecto objetivo y otro subjetivo y que los dos aspectos tienen significación para la antijuridicidad[66]. Se admite que una concepción naturalista de la acción no es suficiente y se profesa un concepto lleno de sentido social, que puede lograrse únicamente incluyendo el contenido de la voluntad[67].

Las contradicciones internas y la confusión dogmática que motivaron la irrupción de la teoría normativa de la culpabilidad y de la teoría de los elementos subjetivos del injusto en el sistema jurídico penal clásico, deben ser, pues, rechazadas. Por esta razón necesitamos una casa nueva desde los cimientos.

El concepto finalista de la acción hace posible, como lo muestran los sistemas de GRAF ZU DOHNA, VON WEBER y WELZEL, la construcción de un sistema jurídico penal, cuya articulación clara y sencilla no solo tiene valor didáctico. La teoría del delito basada en este sistema permite resolver en forma dogmáticamente clara y objetivamente correcta controversias hasta ahora no dirimidas, y los problemas que se plantean los aclara tanto, que en los casos concretos puede encontrarse la decisión correcta. Solo con esto se muestra su superioridad frente

---

[66] HELLMUTH MAYER, ob. cit., págs. 233-234, y también en *Deutsches Strafrecht,* págs. 73 y ss., especialmente págs. 101-102; NAGLER, ob. cit., págs. 20 y ss., en particular pág. 32; NIETHAMMER, ob. cit., comentarios 7 y 8 al § 51; GERMANN, ob. cit., pág. 142 (la determinación delictiva de la voluntad tiene una importancia fundamental para la antijuridicidad y para la culpabilidad).

[67] Así la expresa enfáticamente EBERHARD SCHMIDT (*Die militärische Straftat un ihre Täter,* 1936, pág. 8 y especialmente págs. 22-23, nota 45) cuando dice: «En el ámbito del derecho nunca se trata del suceso externo (causal) como tal, sino aún más del significado social de la conducta, para el cual es de mucha importancia la actitud intencional del agente»; también en *Der Arzt im Strafrecht,* 1939, págs. 75 y ss.; ERIK WOLF, *Vom Wesen des Täters,* pág. 25, y *Krisis und Neubau,* págs. 36 y ss.

al sistema jurídico penal tradicional. Además, la teoría finalista de la acción ofrece el único fundamento para aquella concepción del injusto que incide en las raíces del derecho penal, como se ha advertido ampliamente (bajo las dos contraposiciones: derecho penal del resultado o derecho penal de la voluntad, lesión de un bien jurídico o trasgresión de un deber), en la discusión científica de los últimos quince años, y como se ha impuesto ampliamente en el nuevo Código Penal suizo[68].

El delito es en verdad violación o exposición a peligro de bienes jurídicos, pero ante todo es la ejecución de una voluntad hostil a la sociedad. Y el fundamento de la punibilidad reside, no en aquella violación o exposición a peligro, sino en esta voluntad así formada. La voluntad delictiva califica el injusto punible. El delito se manifiesta como una acción intolerable desde el punto de vista ético-social. Este «viraje personal» de nuestro pensamiento jurídico penal implica a un mismo tiempo un perfeccionamiento del principio de la culpabilidad[69]. Significa un paso más hacia el juicio justo del hecho y del autor. Llegar lo más cerca posible a la realización de este ideal es el sentido tanto de la práctica jurídico-penal como de todo trabajo científico en el campo del derecho penal.

---

[68] Der *Verbrechensbegriff nach schwezerischen Strafgesetzbuch,* 1943, en especial págs. 26 y ss.

[69] En este sentido GALLAS, *Tatstrafe und Täterstrafe,* y especialmente en «Kriegstrafrecht», en *Zeitschrift für die Gesemte Strafwissenschaft,* vol. LX, págs. 374 y ss., especialmente págs. 388-391; GERMANN, *Das Verbrechen im neuen Strafrecht,* pág. 123, donde dice: «El concepto subjetivo del delito va al fondo. Corresponde a un juicio de valor ético-social... El positivismo formalista, así como el burdo utilitarismo, privan el derecho de su contenido profundo. En ninguna otra parte son tan perjudiciales tales tendencias como en el derecho penal, el cual prevé ataques más fuertes, y esa alta jurisdicción, como con acierto fue llamada en la Edad Media, solo puede justificarse si se apoya en un fundamento moral»; también KADECKA, en «Festschrift für Theodor Rittler», en *Zeitschrift für Österreichisches Recht,* cuando encuentra el fundamento de la pena, no en el daño o en el peligro que se presenten como consecuencia de la acción punible, sino en la voluntad del autor.

MODERNAS TRANSFORMACIONES
EN LA TEORÍA DEL DELITO,
de RICHARD BUSCH, se imprimió
en la República Argentina en octubre de 2019.

Made in the USA
Monee, IL
21 October 2026

66405506R00039